Vamos a COLOMBIA

NORTEAMÉRICA

EUROPA

ASIA

ÁFRICA

SUDAMÉRICA

AUSTRALIA

Mary Virginia Fox

Heinemann Library
Chicago, Illinois

© 2001 Reed Educational & Professional Publishing
Published by Heinemann Library,
an imprint of Reed Educational & Professional Publishing,
100 N. LaSalle, Suite 1010
Chicago, IL 60602
Customer Service 888-454-2279
Visit our website at www.heinemannlibrary.com

Designed by Ann Tomasic
Printed in Hong Kong

05 04 03 02 01
10 9 8 7 6 5 4 3 2 1

Library of Congress Cataloging-in-Publication Data

Fox, Mary Virginia.
   [Colombia. Spanish]
   Colombia / Mary Virginia Fox.
     p. cm. – (Vamos a)
   Includes bibliographical references and index.
   Summary: An introduction to the land, culture, and people of Colombia.
   ISBN 1-57572-382-4 (library binding)
    1. Colombia—Juvenile literature. [1. Colombia. 2. Spanish language materials.] I. Title.
   II. Visit to.

F2258.5 .F6918 2000
986.1—dc21
                                                            00-028132

Acknowledgments
The publishers would like to thank the following for permission to reproduce photographs:
Corbis/Jeremy Horner, pp. 5, 8, 9, 15, 17, 22, 24, 25, 26, 28, 29; Corbis/Richard Bickel, pp. 7, 11, 14; Corbis/The Purcell Team, pp. 18, 19; Corbis/Enzo and Paolo Ragazzini, p. 16; Corbis/Ted Spiegel, p. 20; Eye Ubiquitous/Corbis/Omar Bechara Baruque, p. 10; Contact Press Images/PictureQuest/Frank Fournier, p. 6; Stock, Boston/PictureQuest/Steve Maines, p. 12; Aurora/PictureQuest/Jose Azel, p. 21; Victor Englebert, pp. 13, 23, 27

Cover photograph reproduced with permission of Corbis/The Purcell Team.

Encontrarás unas palabras en negrita, **así**. Busca el significado de esas palabras en el glosario.

Contenido

Colombia

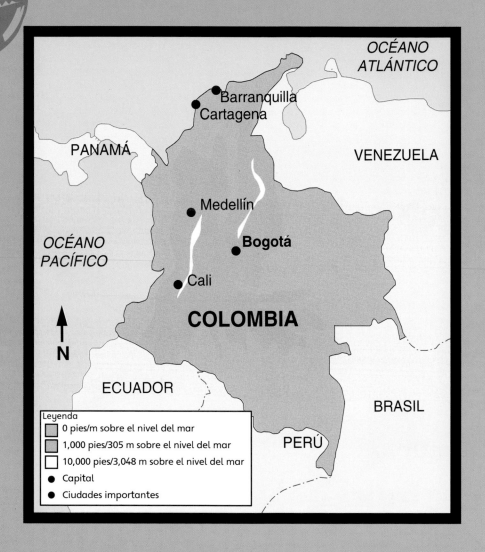

Leyenda
- ▢ 0 pies/m sobre el nivel del mar
- ▢ 1,000 pies/305 m sobre el nivel del mar
- ▢ 10,000 pies/3,048 m sobre el nivel del mar
- ● Capital
- ● Ciudades importantes

Colombia es un país grande de Sudamérica. Es casi tan grande como el estado de Alaska.

La gente de Colombia vive como tú. Pero en Colombia también hay cosas **únicas.**

Cómo es

Hay montañas donde hace mucho frío. Hay selvas donde hace mucho calor. La mayoría de la gente vive entre las dos.

En Colombia hay una gran variedad de paisajes. Se puede ir a la playa y ver a lo lejos picos de montañas. También hay **llanos.**

Puntos de interés

La **capital** de Colombia es Bogotá. La gente va a visitar la hermosa **catedral** y la capilla del Sagrario. Están en una **plaza** grande.

En la ciudad de Cartagena hay un antiguo
fuerte y murallas de piedra para proteger
la ciudad. El fuerte recibió muchos ataques.

Casas

En las ciudades, la mayoría de la gente vive en apartamentos. También hay casas grandes. Se ven edificios modernos de acero y **rascacielos** con mucho vidrio.

En el campo, las casas por lo general son de barro o de piedra. Muchas tienen techo de tejas rojas. En la selva, las casas son de palos con techo de **palma trenzada.**

Comida

La sopa es una parte importante de la comida en Colombia. La sopa puede ser de carne y verduras, como maíz y papa. En algunas partes del país se comen **arepas**, que son como tortillas de maíz gorditas.

El café de Colombia es famoso en todo el
mundo. Los niños y los adultos toman café
con leche.

Ropa

En las ciudades, los colombianos se visten
como la gente de cualquier otra ciudad.
Les gusta la ropa de colores fuertes.
Los domingos se ponen su mejor ropa.

En las partes del país donde hace frío, se usa **ruana** y sombrero de **fieltro.** Hasta los niños se ponen sombrero. En las partes del país donde hace calor y llueve, se visten con shorts y camisetas.

Trabajo

Mucha gente trabaja en tiendas, oficinas y fábricas. Hacen carros y muebles. Tejen telas y hacen ropa.

En el campo hay fincas pequeñas donde siembran frutas, caña de azúcar, café y verduras. En las **llanuras** los vaqueros cuidan el ganado. Los mineros trabajan en las **minas de esmeraldas.**

17

Transporte

Fuera de las ciudades, hay pocas carreteras pavimentadas. Para ir de un pueblo a otro, por lo general se toma un bus. En el campo también se viaja a caballo o en mulas.

Como Colombia tiene muchas montañas, es difícil construir ferrocarriles. Los ríos, como el río Magdalena, sirven para transportar pasajeros y **productos agrícolas.**

Idioma

El español es el idioma principal de Colombia. Eso se debe a que España mandó gente a **colonizar** la región. En las ciudades muchos también saben inglés.

En las montañas o en la **zona tropical,** hay sitios muy alejados donde se hablan otros idiomas. Ahí no se habla español ni inglés.

Educación

Los niños van al colegio a los cinco años.
Pueden dejar de estudiar a los dieciséis
años. Muchos colegios tienen uniforme.
El uniforme de cada colegio es distinto.

En el campo, hay escuelas al aire libre.
En algunos pueblos instalan un radio en
un lugar público y los niños van a oír clases
por radio.

Diversiones

Muchas ciudades y pueblos tienen una plaza de toros. El fútbol y el béisbol son muy populares, así como el ciclismo. Colombia ha tenido ciclistas famosos.

La música y el baile son una parte importante
de la vida en Colombia. Dos instrumentos
populares son la flauta y las maracas. Las
maracas se hacen llenando de piedritas una
calabaza. Un **baile típico** que todavía se
baila es el **bambuco.**

Celebraciones

El carnaval es una celebración muy
alegre con desfiles y música. También
hay fiestas religiosas. En una fiesta,
todos se pintan la cara de blanco
y de negro.

La independencia se celebra el 20 de julio.
Es un alegre día de fiesta con fuegos
artificiales y bailes en la calle.

Artes

Los primeros habitantes
de Colombia dejaron
unas enormes estatuas de
piedra. También dejaron
hermosas estatuas y joyas
de oro.

Fernando Botero es un artista colombiano
famoso. Sus cuadros de familia son muy
conocidos. También hace estatuas enormes.
Botero hizo esta estatua de una paloma
para su ciudad.

Datos

Nombre	El nombre completo de Colombia es República de Colombia.
Capital	La capital es Santafé de Bogotá, D.C.
Idioma	Se habla español.
Población	Colombia tiene unos 37 millones de habitantes.
Moneda	La moneda es el peso.
Religión	La religión más común es la católica.
Productos	Se saca oro y esmeraldas de las minas. De los bosques se obtiene madera para hacer muebles y papel. Se cultiva caña de azúcar y café en grandes haciendas. Se fabrican neveras y otros artículos para el hogar.

También se dice...

apartamento	departamento
bus	autobús, camión
calabaza	guaje
colegio	escuela
finca	rancho
nevera	refrigerador
palma	palmera
plátano	banano, guineo

Glosario

arepa	pan de maíz parecido a una tortilla gruesa
baile típico	baile tradicional de un país
bambuco	baile típico del centro de Colombia
calabaza	fruto grande de cáscara dura que se seca para hacer tazas, platos e instrumentos musicales
capital	ciudad importante que es el centro de gobierno
catedral	iglesia grande e importante
colonizar	establecerse en un país y gobernarlo
esmeralda	piedra preciosa verde con que se hacen joyas
fieltro	tela gruesa de lana
llano	tierra plana cubierta de pastos
llanura	llano, tierra plana cubierta de pastos
palma trenzada	hojas grandes de palmeras entretejidas con que se hacen techos
plaza	espacio abierto del centro de una ciudad o pueblo, con estatuas, jardines o fuentes
producto agrícola	fruta o verdura
rascacielo	edificio muy alto
ruana	cuadrado de lana con una abertura para meter la cabeza
único	diferente y especial
zona tropical	zona de mucho calor y humedad

Índice

Más libros para leer

Haynes, Tricia. *Colombia.* Broomall, Penn.: Chelsea House Publishers, 1999.

Morrison, Marion. *Colombia.* Danbury, Conn.: Children's Press, 1999.

Mortiz, Patricia M. *Colombia.* Vero Beach, Fla.: Rourke Corporation, 1998.